KAROLA BALZER-JOYCE

Irische Tagebuchbriefe

Publikationen

Meine Jugend in Chemnitz, Erinnerungen 1944-1960, Verlag Heimatland Sachsen

Gedichte in verschiedenen Anthologien

Bibliografische Information der Deutschen Nationalbibliothek:
Die Deutsche Nationalbibliothek verzeichnet diese Publikation
in der Deutschen Nationalbibliografie; detaillierte bibliografische
Daten sind im Internet über http://dnb.dnb.de abrufbar.

© 2016 Karola Balzer-Joyce
Satz, Umschlaggestaltung, Herstellung und Verlag:
BoD – Books on Demand

ISBN: 978-3-7412-2170-5

Meinen Irlandfreunden

Der Traum

Du hast ihn geträumt,
den Traum deines Lebens
von Liebe,
von Kindern
in freier Natur.
Vom Segen durch Arbeit,
vom Wohlstand aus Kargheit,
vom Glück,
frei zu sein.
Ein Traum war es nur.

Vorwort

Immer wieder wurde ich von Lesern, die dieses kleine Büchlein gern gelesen haben, gefragt, ob es noch im Handel erhältlich sei.

Aufgrund dieses Interesses habe ich mich zu einer Neuauflage entschlossen, obwohl inzwischen viel Zeit zwischen damals und jetzt verflossen ist.

Nachdem ich aus Irland weggegangen war und auch nachdem ich das Buch geschrieben hatte, hat sich in Irland und in unserem Leben viel verändert.

Der »keltische Tiger« ist über das Land hinweggefegt und hat es deutlich verändert zurückgelassen.

Während seiner Zeit habe ich mich oft gefragt, ob er die »irische Seele« mit sich gerissen hat.

Jetzt, wo wieder so etwas wie Normalität eingekehrt ist, spüre ich, dass sie überlebt hat.

Allerdings erinnern im ganzen Land halb fertige Häuserruinen neben bombastischen, überdimensionalen neuen Anwesen an die Zeit der Hochkonjunktur und anschließenden Finanzkrise und erinnern mich an die vielen halb verfallenen Cottages der Auswanderer bis in die 60er Jahre des 20. Jahrhunderts.

Shanaheever Farm und Loughauna Cottage konnten noch gut verkauft werden.

Die Hügel um das Cottage jedoch liegen jetzt einsam und verlassen. Es gibt keine Schafe mehr, die das Land beweiden.

Der dort geplante Windpark konnte wegen Finanzierungsstopp nicht errichtet werden. Das Gatter, das nur dazu da war, die Tiere auf dem Gelände zu halten, ist mit einem schweren Vorhängeschloss verschlossen und einem abschreckenden Schild „STRICTLY NO ENTRY, TRESSPASERS WILL BE PROSECUTED" versehen.

Das kleine Cottage verfällt und ist dem Vandalismus preisgegeben.

Das sehe ich wie ein Symbol für unser Leben: Aufbau – Erhalt – Verfall.

Mein Gefühl für Connemara ist nicht mehr dasselbe.

Wenn ich dort bin, dauert es lange, bis ich »mein Irland« in mir wiederfinde.

Wenn ich in meinem jetzigen Haus am Kamin sitze, in die karge, wilde Landschaft sehe und dem Wind lausche, werde ich langsam entspannter.

Aber ich weiß: Ich kann nun gehen.

Connemara

Klar blauer Himmel
schärft die Konturen der Berge.
Licht wechselt mit Schatten
über Heide und feucht braunem Moor.
Silberne Seen schimmern wie Augen
in Tälern und Senken.
In der Stille
blökt einsam ein Schaf.

Lieber Tom,

in diesem Herbst sind es nun schon vierzehn Jahre, seitdem ich Dich und Irland verlassen habe und nach Deutschland zurückgekehrt bin. Doch noch immer sind Du und Dein Land mir so nah wie zu Beginn unserer Geschichte, die sieben Jahre gedauert hat.

Keiner außer Dir ist meinem Herzen so nahe gekommen, keinem habe ich so lange nachgeweint, keiner füllt meine Träume nach so langer Zeit noch immer.

Mit diesen Briefen an Dich versuche ich, noch einmal meine Gefühle und Empfindungen und gleichzeitig das Leben in Irland zu meiner Zeit, aus meiner Sicht aufzuzeichnen.

Dabei bin ich mir sicher, dass eine Verbindung zwischen uns für immer bestehen wird, auch wenn wir jetzt getrennte Wege gehen.

Weißt Du noch, wie alles begann?

Mitten in den Bergen Connemaras, den zwölf Bens, am See Lough Auna liegt das einsame kleine Cottage. Es stand zum Verkauf. Frank, der letzte Sohn einer großen, kinderreichen Familie, lebte dort allein. Vor Einsamkeit war er dem Alkohol verfallen. Er wollte nach Clifden, in die menschliche Nähe des Nonnenklosters, in einen Wohnwagen ziehen.

Ich kaufte das Cottage sofort.

Grau und verloren lag es inmitten der unberührten Natur. Es hatte ein festes Dach, trockene Außenwände und für das Trinkwasser eine Quelle, gleich neben dem Haus.

Im See hinter dem Haus sprangen Forellen. Die Wasseroberfläche veränderte sich mit jedem Wetter. Mal peitschte der Sturm sprühende Schaumkronen über den See, mal spiegelten sich in absoluter Stille die braunen, unbewaldeten Hügel wie eine Fata Morgana aus der Tiefe. Nur ein einziger, windzerzauster Buchsbaumstrauch stand an einen schiefen Pfahl gelehnt, der einmal zur Umzäunung des Grundstückes gedient hatte.

Nirgends wuchs ein Baum. Alles war kahlgefressen von den rings um das Haus lautlos grasenden Schafen. Nur ab und zu wurde diese Lautlosigkeit vom kurzen, hellen Jubilieren einer aufsteigenden Lerche unterbrochen oder vom aufgeregten Pfeifen einer schwanzwippenden Bachstelze, die vom Dach herunter das Haus beäugte, oder vom leisen Platschen einer springenden Forelle im See.

Leben kam in das Tal durch meine Freunde und mich. Bald nach dem Kauf versuchten wir, Farbe in das Haus zu bringen. Frank hatte beim Kauf zu mir gesagt: »All it needs is a little bit of paint« – »Es braucht nur etwas Farbe«. Die Farben hatte uns Maresas Vater aus seinem Malergeschäft vermacht. Franks alter Küchenschrank wurde knallrot angestrichen und mit Bauernblumen beklebt, die Borde über den Kaminen schwarz wie die Türrahmen, ihre Füllungen und die Wände weiß und die Küchenborde grün.

Wir schrubbten alle Holzdielen und bearbeiteten sie mit Wachs. Dann entfachten wir ein großes Feuer, um alles Gerümpel, das Frank zurückgelassen hatte, zu verbrennen.

Da sahen wir uns zum ersten Mal. »«»«

Du hattest den Feuerschein gesehen und gingst los, um

zu sehen, ob auf Deinem Land, das um das Cottage lag, alles in Ordnung war.

Damals wusste ich noch nicht, dass Du alles Land um Lough Auna von Frank gekauft hattest und das Cottage, das ich erworben hatte, das Letzte im Tal war, was Dir noch nicht gehörte.

In Clifden erzählte man sich, Du seist einer der reichsten Farmer in der Gegend.

Was wusste ich damals, was das in Connemara bedeutet. Connemara – mit seinen kleinen, von vielen Steinmauern gesäumten Farmen, dem kargen Land mit viel zu vielen Schafen.

Connemara – wo man von der Hand in den Mund lebt und sich das Nötigste zum Leben durch allerlei Nebenjobs dazuverdient oder hauptsächlich Sozialhilfe bezieht.

Ich sah Dich – dunkles Haar, irisch blaue Augen, Humor in den Augenwinkeln, Ehrlichkeit im offenen Gesicht, die Frische des Windes auf der Haut, die Unberührtheit in Deinem Wesen.

Ich verliebte mich sofort.

Du erzähltest so überzeugend von den kleinen Leuten, den Leprechauns, Willy the Whisp, Jack the Lantern, den Feen und Geistern im Moor, der Banshee, die schauerlich schreit, wenn jemand stirbt, dass ich mich fragte, wie eng die Menschen in der Einsamkeit Connemaras noch im Einklang mit Geisterwelt und Mythen leben.

Du konntest erzählen und mich in Deinen Bann ziehen wie ein echter irischer Geschichtenerzähler.

Wir küssten uns am Mass Rock. Diese sich leicht aus einer Senke erhebende Felsformation zwischen dem See und Cregg Mountain ist ein mystischer Ort. In grauen

Zeiten der grausamen Unterdrückung durch England pilgerten dahin schon Deine Vorfahren, um von einem Wanderpriester die Messe in lateinischer Sprache zu hören. Bis in das 20. Jahrhundert hinein wurden ja Iren verfolgt, wenn sie sich zum katholischen Glauben bekannten. England fürchtete eine erstarkende irische Identität und das nie verloren gegangene Nationalgefühl durch das Festhalten am alten Glauben. So wanderten damals die Priester wie einst die Druiden von einem geheimen, versteckten Ort zum andern, um in Gottes freier Natur die Messe zu zelebrieren, Kinder zu taufen, sie in gälischer Sprache zu unterrichten und der ärmlichen, unterdrückten Bevölkerung Gelegenheit zu geben, sich zu ihrem Glauben zu bekennen, oder auch die Möglichkeit wahrzunehmen, sich gegen die Unterdrücker zu formieren. Später lernte ich, dass auch Dein Vater sich als aktiver Kämpfer in der irischen Freiheitsbewegung dort verstecken musste.

Zu Ostern blühen auf diesem Felsen hunderte von leuchtend gelben Osterglocken. Vielleicht haben die Gläubigen die Blumenzwiebeln damals mitgebracht. Vielleicht blühen sie aber dort auch schon viel, viel länger, und der Fels wurde deshalb in vorchristlicher Zeit von den Druiden gewählt.

Ja, alles fing so sagenhaft einfach und stark an.

Dann fuhr ich zurück nach Deutschland. Es kamen Zweifel.

Konnte ich in dieser anderen Kultur, anderen Religion, anderen Welt, ja fast anderen Zeit in diesem unberührten Tal für immer mit Dir leben?

Du warst plötzlich so weit weg.

Du beschäftigtest Dich auf Deine Weise mit der Zukunft. Du pflanztest Bäume um Dein Haus. Du wusstest, wir Deutschen haben eine besondere Beziehung zum Wald, und Du wolltest mir ein Gefühl von Geborgenheit schaffen, wenn raue Winde durch das Tal fegen würden.

Auch Du begannst zu zweifeln.

Doch ich liebte Dich.

So heirateten wir im April.

Gleich nach der Hochzeit nahmen wir die Fähre von Le Havre nach Rosslare und kamen spätabends im Dunkeln auf der Farm an.

Das Haus war kalt und wenig einladend. Natürlich waren geplante Umbauarbeiten nicht fertig geworden. Überall zogen sich bloß liegende Kupferrohre für die zukünftige Ölheizung durch den nackten Zementboden. Der neue Küchenanbau hatte noch keine Tür, ein großes, schweres Brett lehnte gegen die Öffnung. Durch die Ritzen pfiff der Wind. Durch ein Loch im neu gedeckten Dach tropfte es eintönig in einen daruntergestellten Eimer. Sich erst einmal ruhig und gemütlich hinsetzen und ein Feuer anzuzünden war uns nicht vergönnt. Auf dem Tisch lag die Hiobsbotschaft, dass eine der Kühe im unwirtlichen Gelände vermisst wurde.

Klar, Du musstest los, zogst Arbeitskleidung und Gummistiefel an und verlorst Dich in der Dunkelheit. Irgendwann fandest du das Tier in einem Moorloch. Jetzt mussten weitere Männer herbeigeschafft werden, um das entkräftete Tier an Stricken aus dem Sumpf zu ziehen. Danach war der Tierarzt zu benachrichtigen. Ein Telefon gab es natürlich noch lange nicht, also musste man irgendwo im nächstgelegenen Ort die Nachricht für ihn hinterlassen und dann auf ihn warten – wie später noch so oft.

Ich verstand diese Situation nicht, wusste nicht, was ich tun sollte, und verkroch mich einsam und frierend ins kalte, klamme Bett.

So schlief ich dem ersten Tag als Mrs. Tom Joyce entgegen.

Du nahmst Deinen Alltag wieder auf. Ich fand mich darin nur mühsam zurecht.

Im April werden die ersten Lämmer geboren, auch schon einige Kälber. Es ist kalt und windig. Hagelschauer jagen über die Berge. Die Weiden geben kaum Nahrung für die Mütter oder trächtigen Muttertiere. Da musstest Du täglich unterwegs sein, nach dem Rechten sehen, liefst Kilometer um Kilometer über moorige Hänge, sumpfige Wiesen, überquertest Gräben und Zäune, um schwache oder hilflose Tiere zu finden. Manchem neugeborenen Lämmchen hatten Krähen die Augen ausgehackt oder den zarten Bauch aufgerissen. Füchse hatten den Neugeborenen das Blut ausgesaugt, Hunde hatten die schwachen Tiere zu Tode gejagt.

Nie wusste ich, wo Du gerade warst, wann Du wiederkommen würdest, was Du gerade vorgefunden hattest. Nur langsam lernte ich dieses Leben kennen.

Wann zum Beispiel kam endlich der Mensch, der das Loch im Dach reparieren sollte? Morgen wollte er kommen. Er kam aber nicht und auch nicht am folgenden Tag. Also fuhren wir nach Clifden. Dort gab es ein Telefon in einem dunklen Flur zwischen Lebensmittelgeschäft und Pub. Über eine Telefonistin wurde das Gespräch angemeldet, und dann wartete man und wartete, bis man endlich verbunden war. Aber auch dann musste der Dachdecker ja nicht unbedingt zu Hause sein. Wenn man Glück hatte, hieß es wiederum »morgen«. Er wollte uns ja auf gar keinen Fall enttäuschen, kam jedoch nicht – und so weiter und so weiter ...

Doch dann eines Morgens schritt er pfeifend um das Haus, kletterte auf das Dach, besah sich das Loch und ging pfeifend wieder von dannen.

Geduld – Geduld! Gott schuf die Zeit – von Eile hat er nichts gesagt.

Irish garden

(Irischer Garten)

Feuerrote Fuchsienhecken.
Farne, die das Land bedecken,
Schlüsselblumen,
Margeriten,
Rhododendren
und inmitten
leuchtend gelber Ginsterbüsche
Glöckchenheide,
Kirschlorbeer.
Über einem Veilchenmeer
Monbretienrispen
orangerot,
Wollgrasflöckchen hier und da,
Knabenkraut,
Veronika,
Weißdorn, knorrig, sturmgebeugt,
Seerosen, im Schilf verstreut.
Geißblatt rankt um Efeumauern,
Ebereschen wehn im Wind.
Regenbogen zwischen Schauern
leuchten in der Luft so lind.

Endlich wurde es Sommer.

Überall zwischen den Felsen lugten versteckt gelbe Primeln und kleine lila Veilchen hervor. Ich freute mich auf jede Fahrt nach Galway. Denn kam man nach Oughterard – ungefähr in der Mitte zwischen Clifden und Galway –, leuchteten im Mai die ersten blühenden Rhododendronbüsche in allen Farben hinter einer hohen grauen Steinmauer. Daneben konkurrierten pralle Magnolienblüten mit Kamelienknospen und den purpurroten Kelchen des Tulpenbaumes. Ja, jetzt begann die üppige Jahreszeit. Bald würden wieder überall die Fuchsienhecken blühen, leuchtendgelbe Ginsterbüsche weite Teile der kargen Felder bedecken, Margeriten in Fülle von Wiesen und Wegrändern grüßen, Wollgrasteppiche sich im Moor wiegen. Dort konnte ich geflecktes Knabenkraut und seltene fleischfressende Pflanzen finden, den Kuckuck rufen und hoch im blauen Himmel die Lerchen jubilieren hören.

Eines Tages brachtest Du ein zauberhaftes Arrangement von taufrischen weißen und gelben Seerosen, einen Strauß, den man in keinem Laden der Welt hätte erwerben können. Er war ein kleiner Teil unverfälschter, reiner Natur, ein Stück Deines Wesens. Leider erkannte ich das damals als solches nicht; langstielige rote Rosen hätten mir als Liebesbeweis aus meiner Tradition heraus mehr bedeutet.

Dabei liebe ich alle Blumen – ihre Vielfalt, Farben, Düfte, freue mich über jedes rankende Geißblatt, die wuchernden Montbretien und lila blühenden Veronikabüsche. Ich setzte Tulpenzwiebeln. Doch sobald sich die ersten roten Spitzen zeigten, rammten hungrige Schafe mit Vehemenz gegen die mühsam errichteten Steinmauern, brachten die Steine zum Purzeln und blökten penetrant nach ihren Lämmern, die sich an dem seltenen Genuss mit laben sollten. Das passierte meist früh am Morgen, gegen fünf Uhr. Wie oft lief ich dann im Nachthemd aus dem Haus, um die Eindringlinge, wenn auch nur für kurze Zeit, durch lautes Rufen und wildes Gestikulieren zu vertreiben.

The Bogs of Shanaheever

(Das Moor um Shanaheever)

Am Nordhang des Hügels
das alte Haus,
vom Vater den Eltern gebaut,
seinem Sohn übergeben.
Von Steinmauern gesäumte,
mühsam dem Moor abgerungene Felder.

Mit starker Hand
hält der Sohn
zur Schur die blökenden Schafe.
Schnell ist das Vlies
von willigen Helfern gerollt.
Abseits in hochhackigen Schuhen
die Schwester.
Mit 17 ging sie nach Amerika.
Nach 17 Jahren kehrte sie zurück
in diese Welt –
nicht mehr die ihre.

Ja, die Schafe. Sie speziell bestimmten den Rhythmus auf der Farm.

Im August war die Zeit der Schafschur.

Zunächst mussten jedoch Helfer ausfindig gemacht werden, die beim Eintreiben, Festhalten, Vliesrollen mithelfen sollten. Schon das war ein frustrierendes Unterfangen. Irgendwo in den Bergen gab es immer einige junge Burschen, die bereit waren, gegen Entgelt und Essen mitzuhelfen, Du musstest sie nur motivieren. Also fuhrst Du an schönen Tagen so gegen neun Uhr los, um in einigen der entlegenen Katen zu fragen, ob jemand Lust hat zu helfen. Oft lagen die jungen Herren noch in ihren Betten. Dann wurde erst einmal gefrühstückt, auf der Farm zur Stärkung gleich noch einmal, und gegen Mittag konnte es dann endlich losgehen. Nicht selten dauerte es bis zum späten Abend, ehe die Herde eingetrieben war. Also musste das Essen häufig bis kurz vor Mitternacht im Torfofen warm gehalten werden: Kartoffeln, Gemüse, Hammelfleisch. Gern hätte ich mich schon mal an etwas Exquisiterem versucht. Wichtig war jedoch allein eine deftige Kalorienversorgung. Verständlich, wenn man bedenkt, dass Du in den ersten Jahren mehr als dreihundert Schafe allein mit der Hand geschoren, sie anschließend durch ein desinfizierendes Bad geschleust und die aufgerollten Vliese verstaut hast.

Das typische Gemüse waren Kartoffeln, Zwiebeln, Möhren, Petersilienwurzeln, gelbe Rüben und Weißkohl. Das war mir zu eintönig. Deshalb gab es im Gemüsegärtchen bald auch Brokkoli, Porree, Rotkohl, ja sogar Erdbeeren. Die beiden Kirschbäume, die wir pflanzten, gingen kläglich wieder ein. Wahrscheinlich war der Wind zu scharf, oder die Schafe, die frühmorgens so ungeniert über die Mauer sprangen, kosteten an jeder Knospe, jedem neuen Trieb.

Ganz am Anfang lud ich einige Deiner Freunde zum Essen ein. Ich hatte an Fondue gedacht, um gemütlich mit am Tisch sitzen zu können. Ungewohnt war, dass die Gäste erst nach und nach, so ab 21 Uhr eintrudelten, obwohl meine Einladung für 20 Uhr ausgesprochen war, und dass auch gleich noch weitere Bekannte mitgebracht wurden. Zum Glück hatte ich genügend Fleisch gekauft. Nicht bewusst war mir, dass nur der Hunger diese kleinen, exotisch rohen Fleischstückchen in sie hineintrieb. Die alte Mutter eines der Freunde rief immer wieder bewundernd: »Wie wundervoll, Mrs. Joyce!« (die Anrede war für mich noch sehr ungewohnt), aß aber nichts davon.

Doch ganz allmählich lernte ich die beiden Seiten unserer unterschiedlichen Esskulturen zu kombinieren und mich bei Einladungen auf die Unterschiede einzustellen.

Wenn Farmhelfer auf die Farm kamen, dann gab es einen Riesentopf Kartoffeln, Kraut und Möhren und große Stücke vom selbst geschlachteten Hammelfleisch. Das Fleisch stammte von unseren eigenen Schafen, die Du in dem dunklen, zugigen Stallgebäude eigenhändig geschlachtet und zerlegt hattest und deren Fleisch in der großen Tiefkühltruhe – eines der wenigen Tribute an die Zivilisation – immer ausreichend vorhanden war.

Anders war es, wenn zum Dinner geladen wurde – meist Bekannte, die ich mit der Zeit kennengelernt hatte: Franzosen, Holländer, Belgier, Deutsche, auch Iren. Ein Dinner hatte wenigstens aus Vorspeise, Suppe, Hauptspeise, Nachtisch und Kaffee und Gebäck zu bestehen. Das Geld war jedoch oft knapp, aber lumpen lassen wollte man sich auch nicht. Also gehörte schon viel Phantasie dazu, wenn man immer etwas anderes auf den Tisch bringen wollte.

Einmal fiel mir wirklich nichts Besseres ein, als die Brunnenkresse zu verwerten, die ich nachmittags im strömenden Regen in den kleinen Bächen und Drainagen gesammelt hatte. So gab es eben Brunnenkressesalat als Vorspeise, danach ein Brunnenkressesüppchen und nach der Hammelkeule als Nachtisch filetierte Orangenscheiben, auf Brunnenkresse serviert.

Ähnlich knapp ging es auch einmal bei irischen Freunden zu. So gegen 20 Uhr waren wir zum Dinner eingeladen, erschienen so gegen 21 Uhr – das irische Zeitgefühl war mir inzwischen vertraut – mit einem Riesenhunger, hielten uns, so gut es ging, bis gegen 22 Uhr an unseren Drinks fest, bis wir endlich zu Tisch gebeten wurden. Nach der Suppe kam das Hauptgericht: viel Reis, dazu für jeden eine halbe Jakobsmuschel mit noch etwas Fisch und viel heller Soße. Erst viel später erfuhr ich, dass der Gastgeber den ganzen Nachmittag im rauen, stürmischen Atlantik nach Jakobsmuscheln getaucht hatte und nur diese spärliche Ausbeute für das abendliche Dinner ausfindig gemacht hatte.

Ein andermal überstand ich ebenfalls recht hungrig eine »Dinner & Dance«-Party. Sie war als Wahlparty annonciert, die der IRA nahestehende Fine-Fail-Partei hatte gewonnen. Ich freute mich, dass ich für diesen Abend nichts kochen musste, und war gespannt auf das Dinner. Um 20 Uhr waren wir beiden die einzigen Gäste im Hotel und mussten uns noch mindestens zwei Stunden an der Bar vergnügen, ehe die nächsten Gäste erschienen und der Saal sich langsam füllte. Whiskey und Guinness begann in Strömen zu fließen, die Damen nippten sittsam an ihren Mineralwassern, an Orangensaft oder Schweppes. Gegen 23 Uhr wurde serviert – auf einem Pappteller die typisch giftgrünen, harten Erbsen, Kartoffelpüree, eine Scheibe zähes Beef in dunkelbrauner Tütensoße. Ob die geringe Kalorienmenge an Nahrung zusammen mit dem in weit größerem Ausmaß konsumierten Alkohol die Gemüter erhitzte und die Aggressivität der rivalisierenden Parteianhänger verstärkte? Auf jeden Fall verließen wir fluchtartig den gastlichen Ort durch einen Hinterausgang, nachdem eine Riesenschlägerei zwischen Fine-Fail- und Fine-Gail-Anhängern ausgebrochen war, deren Parteiprogramme mir zum damaligen Zeitpunkt sowieso nur wenig sagten.

Und noch eine Episode im Zusammenhang mit Dinner fällt mir ein. Eines schönen Sommerabends war ich als inzwischen praktizierende Ärztin von einem Pharmazieunternehmen zu einem Essen in einem der vornehmsten Hotels der Gegend, im Ballinahynch Castle Hotel, eingeladen. Meine Kollegen – alle männlich – durften ihre Gattinnen mitbringen. Also brachte ich Dich, meinen Gatten, mit. Wie immer warst Du bis zur letzten Minute draußen beschäftigt, musstest Dich deshalb in aller Eile umziehen und rasieren. Was zieht man zu so einem feinen Essen in so einem teuren Hotel an? Deinen dunkelblauen, in Deutschland gekauften Hochzeitsanzug und Krawatte. Aber nun schnell, schnell ins Auto und los. Rechtzeitig kamen wir am Castle vorgefahren, stiegen aus dem Auto und schritten die Eingangstreppe hinauf, als ich Deine Schuhe sah. Nachdem Du den ganzen Tag in schweren Gummistiefeln herumgelaufen warst, schmückten jetzt ganz bequem die braunen Hauspantoffeln Deine Füße. Die Austern, die ich dort zum ersten Mal in meinem Leben aß, haben mir trotzdem ganz vorzüglich geschmeckt und bleiben durch diese Geschichte für immer in meiner Erinnerung.

Ja, Sommer! Im Sommer vertreibt das klare Licht des Himmels die melancholische Stimmung in den Bergen. Alles ist heller, wärmer, fröhlicher. Connemara wird von Touristen bevölkert, besonders Clifden, aber auch Kylemore, Renvyle, Letterfrack, Roundstone und Cashel. Trotzdem kann man sich an den weiten, breiten Sandstränden allein fühlen, denn nur wenige, bekanntere Stellen werden von picknickenden Grüppchen heimgesucht. Lediglich einige Mutige tummeln sich ab und zu im Wasser. Immerhin fließt der Golfstrom hier nahe der Küste vorbei und erwärmt das Wasser schon mal auf 18 bis 21 Grad.

Das Vergnügen des Strandlebens musste ich für mich allein genießen. Selten, dass Du einmal Freude an einem längeren Strandspaziergang mit mir fandest. Dabei gab es für mich so viel Neues zu entdecken: dunkelrote, samtene Seeanemonen, die bei Berührung ihre grazilen Fangarme ausstreckten, ergiebige Muschelbänke, die erst bei auslaufender Flut richtig zugänglich wurden, Schwertmuscheln, die sich blitzschnell in den Sand bohren konnten, Robbenkolonien auf glitschigen Felsen in der Sonne, emsig nach Nahrung pickende Strandläufer und Austernfischer. Die Wärme des Sandes und das leise Klatschen der auflaufenden Wellen erzeugten ein Gefühl völliger Einheit mit der Natur, Entspannung und Harmonie.

Die stille Bucht
von tiefem Blau
mit kleinen Felsen vor dem Strand
schimmert klar im Morgentau
wie eine Perle in der Hand.
Gottgeschaffen,
unzerstörbar,
milde glänzend,
ewig schön,
wie ein Sinnbild für den Menschen,
was in Wahrheit bleibt bestehn.

Die Bucht von Tralee

In sanfter Biegung aus weißem Sand
fängt sich das Meer und wird still.
Regenwolken, vom Wind gebannt,
wehen über den einsamen Strand
zu einem anderen Ziel.

Der Liebe gleichend, verwandelt sie
alles Stürmen und Wogen
in natürliche Harmonie.
So entsteht in der Bucht von Tralee
ein zarter Regenbogen.

Anders war es in unserem Tal. Auch da wurde es lebendig. Mutterschafe und ihre Lämmer grasten lautlos auf den stillen Hügeln. Im See sprangen jetzt munter die Forellen, und abends konnten wir manchmal darin die kleinen Ottern spielen sehen. Der Dachs lüftete seinen Bau und verteilte sein Grasbett in der Sonne zum Trocknen. Ständig hielt sich ein Schwanenpaar am See auf, bis eines Tages ein Partner von einem herzlosen Schießwütigen abgeknallt wurde. Danach kam der verbliebene Schwan jahrelang nur allein. Oft stand ein einzelner Kormoran statuengleich, reglos auf einem kleinen Felsen im See, um sich ganz plötzlich einen Fisch zu schnappen und lautlos davonzufliegen. Anders das Moorhuhn, das sich mit knatterndem Flügelschlag aus seinem Versteck in die Luft erhob.

Ja, auch hier war es im Sommer lebendig, für mein Gefühl aber nicht so fröhlich wie am Meer.

Der Sommer brachte die abenteuerlichsten Gestalten in unsere Welt.

Eines Tages klopfte ein Schwarzer an die Tür. Er suchte eine freie Schlafstelle und Verpflegung, dafür wollte er arbeiten. Da ich wusste, wie froh Du über jede Gesellschaft bei Deiner Arbeit warst, schickte ich ihn zu Dir. Damit hatte ich mir etwas eingebrockt! Jimmy – oder wie immer er hieß – schlief in der Scheune. Morgens kam er ungewaschen und ungekämmt an den gedeckten Frühstückstisch, Strohhalme hingen noch kreuz und quer in seinen verfilzten Haaren. Die langen, schwarzen, klauenähnlichen Fingernägel blieben ungeschnitten. Dafür erzählte er von seinen Begegnungen mit Ufos, die er in der Nacht gehabt hatte. Wenn es ans Arbeiten ging, war sein Arbeitstempo so, als ob er unter glühender Sonne im heißesten Afrika schuften müsste. Ich hielt seine Anwesenheit nicht lange aus und verzog mich zum Essen ins Schlafzimmer. Das hielt Dich jedoch nicht davon ab, ihn auch weiter zu beherbergen, ja, mich nach meiner Praxisarbeit extra noch einmal nach Clifden zu schicken, um für ihn Zigaretten zu besorgen. Zum Glück konnte Dein Freund Hugh Dich überzeugen, dass irische Gastfreundschaft das eine – ein normales Familienleben aber etwas anderes ist.

Jimmy ging.

Dann kam Linda, ein kesses Girl aus Amerika auf der Suche nach einem geeigneten irischen Ehemann. Auch sie wollte nur gegen Unterkunft und Verpflegung auf der Farm mithelfen. An Dir fand sie Gefallen und nutzte die Spannungen, die sie zwischen uns bemerkte, schamlos aus. Während ich morgens in die Praxis fuhr, einkaufte, mittags und abends für uns alle kochte und mich um Haus und Gemüsegarten kümmerte, zog sie fröhlich mit Dir über die Berge, schaute mit nach den Schafen, schichtete mit Dir Torf auf oder fuhr mit zum Viehmarkt. Sie machte mich wütend, traurig und eifersüchtig. Ich war heilfroh, als sie ihre Augen auf einen anderen Farmer warf. Die Pessare, die sich zu mehreren in ihrem Zimmer befanden, hatte sie sicher vorsorglich aus Amerika mitgebracht. Zu dieser Zeit gab es nämlich in Irland noch keine frei verkäuflichen Verhütungsmittel.

Colin kam aus Norwegen. Er studierte in Oslo Anthropologie und verbrachte ein Jahr in Irland, um das Leben auf den vom Fortschritt der Zeit noch recht unberührten Farmen zu erleben.

Er war groß, ruhig, ein angenehmer Gesprächspartner, zwar träge, aber noch am ehesten für längere Zeit im Haus zu ertragen.

Ja, Leute kamen und gingen. Einige blieben auch.

Billy, der Farmberater zum Beispiel, kam und ging. In seiner Zeit in Clifden machte er sich auf jeden Fall seine Arbeit und damit sein Leben so leicht wie möglich. Mindestens zweimal in der Woche erschien er auf der Farm, das heißt im Haus, um Tee zu trinken, zu reden, mehr Tee zu trinken, weiter zu reden – ohne dass etwas passierte. Ich glaube nicht, dass er je etwas Produktives bewirkt hat. Dich hielt er nur von Deiner Arbeit ab. Deshalb freute ich mich auch diebisch, als eines schönen Tages unsere Katzen durch das offene Fenster seines Autos den gesamten Einkauf für seine Familie stibitzt und das Weißbrot völlig aufgefressen hatten. Da er von morgens bis nachmittags bei uns gesessen hatte, musste er nun mit leeren Händen nach Hause fahren. Ob er befördert oder degradiert wurde, als er versetzt wurde? Zumindest hörte die ewige Teekocherei bei uns erst einmal auf.

Einmal musste ich zu einer ganz unüblichen Zeit Tee kochen, frühmorgens so gegen sechs Uhr. Wir wachten von einem unbekannten Geräusch in der Küche auf. Als Du nachschautest, saß an unserem Küchentisch ein uns völlig fremder älterer Mann. Es stellte sich heraus, dass er in der Nacht schweren Kopfes, aber leichten Mutes aus dem Pub in Clifden heimwärts marschieren wollte, jedoch die richtige Abzweigung zu seinem heimatlichen Hafen verfehlt hatte. Glücklicherweise war er auf unser Haus gestoßen und hatte sich zunächst einmal in mein nicht abgeschlossenes Auto gesetzt, um seinen Rausch auszuschlafen. Als er dann frierend erwachte, nicht wissend, wo er war, stolperte er einfach durch die nicht abgeschlossene Tür in die wärmere Küche. Nach einer frisch aufgebrühten Tasse Tee erwachten seine Lebensgeister wieder, und er konnte sich mit Deiner Hilfe auf den diesmal richtigen Heimweg machen.

Tee kochten wir auch für die drei kleinen Ausreißer aus dem Waisenhaus des Nonnenklosters, die sich zu Fuß über die unwirtlichen Berge gewagt hatten und die wir nach einem um Verständnis bittenden Gespräch wohlbehalten wieder zurückbringen konnten.

Cead mile failte

(Herzlich willkommen)

Die Tür steht offen,
kommt nur herein,
wärmt euch am offenen Feuer,
trinkt mit uns Tee.
Frisches Brot ist gebacken,
ein Tropfen Whiskey noch
in der Flasche.
Erzählt von eurer Welt,
von euren Träumen,
und eh' ihr geht, sagt:
Wie gefällt euch Irland?
Und seid gesegnet,
wenn ihr weiterzieht.

Connemara-Pony-Show

Der Stolz Connemaras
die Ponys –
zäh –
aus arabischem Blut.
Zum Fest wird in Clifden
die Wahl der Besten.
Vor allem der Hengst
bringt dem Besitzer Ehre.

Die Preisrichter:
Lords und Ladies
englischen Schlages
in irischem Tweed.
Das Publikum:
Irische Bauern,
Touristen,
Käufer aus aller Welt.
Zu klappernden Rhythmen
gälischer Tänze, klagender Flötenmusik
traben die Pferde stolz ihre Runde,
unberührt von menschlicher Wertung.

Der Höhepunkt im Sommer ist die Connemara-Pony-Schau in Clifden. Auf dem Turnierplatz, einer struppigen, kaum eingefriedeten grünen Wiese, geht es zu wie auf einem Jahrmarkt:

Hobbygärtner und -gärtnerinnen bringen ihre Ernte zur Begutachtung. Selbst ernannte Preisrichter entscheiden, wessen größte Kartoffel, größter Kohlkopf, größte Rübe oder Eier prämiert werden. Selbst entworfene Blumenarrangements, bizarr dekorierte Torten, selbst gefertigte Brote und Marmeladen, gut gebürstete Hauskatzen und vieles mehr warten gespannt auf die Preisverleihungen. Kleine Jungen und Mädchen in folkloristischen Kostümen stampfen auf einer Bühne ihre Jigs und Reels. Die Stars sind jedoch die Connemara-Ponys – weiß oder schwarz, Falben oder Apfelschimmel. Besonderer Höhepunkt ist die Vorführung der Hengste, sie können bei einem Preisgewinn ihrem Besitzer einiges Geld bringen. Amerikaner, Engländer und andere Europäer kaufen diese dann gern zur Zucht. Stolz führen da einfache Farmer in Gummistiefeln und verschlissenem Tweed oder Aransweatern ihre kostbaren Tiere den Gentlemen und Ladies Preisrichtern vor. Diese kommen vorwiegend aus der anglo-irischen Society und sollten bekanntermaßen etwas von Pferden verstehen.

Später dann sind die Pubs überfüllt. Gute Preise und Verkaufsabschlüsse müssen ausgiebig begossen werden.

Ja, im August ist in Connemara Hochsaison.

Die Lachsfischerei ist dann allerdings schon nicht mehr so ergiebig. Am besten kann man diese wundervollen, silbrig glänzenden Fische im Mai und Juni angeln, wenn sie versuchen, die Stromschnellen und Wehre hinaufzuspringen. Und was gibt es darüber für Geschichten, was für Riesenlachse schon an welchen Angeln hingen! In einigen Hotels liegen sogar Bücher aus, in denen Länge und Gewicht, möglichst nebst Foto des glücklichen Anglers, verewigt werden.

Die Angler, die uns besuchten, haben in den Jahren, in denen ich in Shanakeever lebte, niemals einen dieser herrlichen Fische mit nach Hause gebracht. Schwager Knut hatte wahrscheinlich mal einen an der Leine und wieder verloren. Danach träumte er noch nächtelang von dem wunderbaren Gefühl des Anbeißens.

Genauso wenig, wie ich einen erfolgreichen Lachsangler erlebt habe, habe ich das Monster gesehen, das sich sowohl im Lough Shanakeever als auch im Lough Auna aufhalten soll. Eines schönen Tages war ein Team aus England aufgetaucht, das sich vorgenommen hatte, Shanakeever nach dem Monster abzusuchen. Die Bedingungen seien ähnlich wie Loch Ness, hatten sie gemeint. Man musste das Unterfangen jedoch bald wieder aufgeben, weil meterhoher brauner Moorschlamm den Boden des Sees ausmacht und dieser bei jedem Tauch- bzw. Fangversuch als braune, undurchsichtige Wolke nach oben steigt und die Sicht verdunkelt. Es hieß jedoch, man habe Spuren eines riesigen, einem Lindwurm ähnlichen Seebewohners gesichtet. Einige der Fangnetze dieser Enthusiasten lagen noch immer in einer dunklen Ecke eines der Ställe. Davon wusste aber ganz sicherlich jener belgische Angler nichts, der an einem lauen Sommerabend nichts ahnend am stillen See saß und plötzlich einen pferdeähnlichen Kopf aus dem Wasser auftauchen sah, dessen Augen ihn unverwandt anstarrten – und das nur wenige Meter vom Ufer entfernt. Wir hörten nur einen Menschen laut keuchend die zwei Kilometer auf unser Haus zustürmen und erfuhren erst bei unserer Nachfrage, was diesen unschuldigen Petrijünger so erschreckt hatte. Auch ich ging eines Abends vom See zurück zum Haus und hörte im dichten Schilf ein Geräusch, als ob ein Tier sehr großen Ausmaßes schwimmend das Wasser teilte – das konnten weder die kleinen Forellen noch die spielenden Ottern sein.

Du erinnerst Dich bestimmt auch noch an die Grillparty, die ich eines schönen Sommernachmittags vor dem Cottage organisiert hatte. Der See war spiegelglatt. Es regte sich kein Lüftchen. Der Abend brach wunderbar still herein. Ich war gerade in die Küche gegangen, als zwei Gäste aufgeregt hereingestürzt kamen. Joop, ein ehemaliger holländischer Luftwaffenattaché, und Adrian, ein irischer Bootsbauer. Sie hatten urplötzlich aus dem See ein unbekanntes Wesen auftauchen und wieder verschwinden sehen. Sie beschrieben es als schlangenähnlich, mit langgestrecktem Kopf und zwei Höckern. Auch diese beiden hatten die Monsterstory vorher noch nie gehört.

Gibt es also ein prähistorisches Wassertier, das diese von der Zivilisation noch fast unberührten Seen bewohnt?

Der Pfarrer aus England glaubte auf jeden Fall daran. Jahrelang kam er mit seiner Familie, Frau und mehreren Kindern angereist, campierte wochenlang bei Wind und Wetter in einem kleinen Zelt am Ufer des Sees und hielt stundenlang mit einem Fernglas nach dem Ungeheuer Ausschau. Ohne Erfolg.

Unvorstellbarer noch als das Seeungeheuer ist für mich die Banshee, die Deine Schwester, die Krankenschwester, eines Nachts hörte, deren durchdringender Schrei die beiden Nachtwachen so entsetzte, dass sie die Polizei riefen, die herausfinden sollte, woher das Jammern kam. Die Garda konnte jedoch nichts finden. In der gleichen Nacht starb jedoch unerwartet ein Patient. Und da war Franks Vater, der in einer dunklen, stürmischen Nacht hinausgegangen war, um mit Steinen befestigte Stricke über das Strohdach zu ziehen. Als er das Seil von einer Dachseite auf die andere warf, wurde seine Hand plötzlich von einer eiskalten anderen Hand berührt. Schaudernd war er zurück ins Haus geeilt, um am nächsten Tag nicht mehr aufzustehen und bald darauf zu sterben, wahrscheinlich an einer Lungenentzündung.

Ja, den parapsychologischen Phänomenen war man zu dieser Zeit in Irland noch sehr nahe.

Vermisst habe ich immer den Herbst als Jahreszeit mit der kühleren Luft nach einem heißen Sommer, der bunten Laubfärbung, dem Geschenk der Ernte. Überhaupt war der Übergang zwischen den Jahreszeiten nicht bewusst wahrnehmbar. Plötzlich pfiffen wieder die Stürme tagelang um das Haus, und es konnte regnen, regnen, regnen. Wer es sich leisten konnte, der verreiste dann. In vielen Geschäften wurde ausverkauft. »Sale«-Schilder hingen überall an den Fenstern. Restaurants und Hotels schlossen bis zur nächsten Saison.

Wenn einem die Decke auf den Kopf zu fallen drohte, konnte man sich nicht einmal durch ein schönes Essen in einem gemütlichen Restaurant aufheitern lassen. In den dunklen, kalten Pubs brannte manchmal ein kümmerliches Torffeuer, das den tristen Raum kaum wärmte. In späteren Jahren etablierte sich dann die Clifden Arts Society, deren Verdienst das inzwischen gut angenommene Clifden Arts Festival ist. So kam wenigstens im Oktober noch einmal Leben in das Städtchen, mit Musikgruppen, Künstlern, Dichterlesungen oder Theateraufführungen. Von Halloween-Bräuchen habe ich kaum etwas mitbekommen, Allerdings sollte man in der Nacht vom 31. Oktober auf den 1. November schon ein Schüsselchen mit Milch für die kleinen Leute vor die Tür stellen.

Zweimal sind wir zu dieser Jahreszeit sogar auch verreist. Natürlich konnte ich Dich nur mit der allergrößten Mühe dafür interessieren. Es klappte auch nur, weil ich Gegenden aussuchte, in denen es Schafe gab, die Dich als Farmer interessierten. Also machten wir uns einmal auf den Weg nach Schottland, ein andermal gar nach Sizilien. Dazu vielleicht nur so viel: In Schottland hielten wir mit unserem kleinen Leihwagen an jeder Weide an, damit Du Art und Zustand der Tiere begutachten konntest. Ich dachte bei mir, wenn Du Dir nun jedes Krankenhaus hättest mit anschauen müssen, das unseren Weg kreuzte ...

Das Schönste im Herbst waren die wunderbaren klaren nächtlichen Sternenhimmel, in deren Stille Sternschnuppen lautlos vom Himmel fallen, und ein oft großer, runder Mond, der sich im stillen See schimmernd spiegelt.

Mayo – God help us

(Mayo – Gott helfe uns)

Mitten im Moor zehn Häuser –
ein Dorf in Mayo.
Kalt fegt der Wind
durch die einzige Straße.
Ein Pub –
zur Mittagszeit keine Gäste.
Im Hinterzimmer
nur klappernde Automaten.
Sechs alte Frauen
spielen bar aller Hoffnung
am Ende der Welt
um Glück –
um Geld.

Der Winter ist eine harte Zeit in Connemara.

Über die entwaldeten Berge und durch die kargen Täler pfeift der Wind. Es regnet noch mehr als gewöhnlich. Die Hochmoore triefen von vollgesogener Nässe. In den Sumpflöchern verenden trächtige Kühe, die, von Nahrungsmangel entkräftet, sich nicht mehr allein aus dem Morast befreien können. Trächtige Mutterschafe stürzen beim Überspringen in die moorbraunen Drainagegräben und ertrinken. In ihrer verzweifelten Suche nach Nahrung wandern die Tiere über endlos weite Hügel, und kein Farmer findet je alle seine geschwächten Tiere, um sie in geschütztere Gefilde zu bringen und mit Futter zu versorgen.

Ställe und Unterstände gibt es kaum. Bei Hagel- und Schneeschauern finden die Herden nur teilweise Schutz unter Felsvorsprüngen oder in alten Steinruinen ehemaliger Cottages. Die westlichen Sturmwinde mit ihrem Regen heulen tagelang um das Haus.

Da ist es gut, wenn im Frühjahr und Sommer genügend Torf gestochen und getrocknet wurde, der sich nun als Stapel ordentlich aufgeschichtet am Haus befindet.

In unserem Haus mangelte es leider ständig an Torf. Du nahmst Dir keine Zeit dafür. So waren wir auf die schlecht funktionierende Ölheizung angewiesen, die das Haus zwar erwärmte, aber keine Gemütlichkeit verbreitete wie die Feuer in den offenen Kaminen.

Eines Abends, kurz vor Weihnachten, riss der Sturm so an den Stromleitungen, dass überall der Strom ausfiel. Das Haus war eisig kalt, die Ölheizung lief nicht, und wir konnten uns nicht einmal einen heißen Tee kochen.

Mitten in der Nacht klopfte es an unsere Tür. Es war Richard, ein befreundeter Kunstmaler und Patient von mir. Er war mit starken Schmerzen in der Brust aufgewacht, hatte sich in sein Auto gesetzt und war zu mitternächtlicher Stunde durch Sturm und Regen zu uns gefahren, um Hilfe zu finden. Während ich noch mein kleines batteriebetriebenes EKG-Gerät herbeiholte und Du meine Notfalltasche aus dem Auto, fiel er mit einem Aufstöhnen plötzlich vom Stuhl und war sofort tot – wahrscheinlich ein Herzinfarkt. Trotz unserer verzweifelten Wiederbelebungsversuche konnten wir ihn nicht retten. Die Situation war furchtbar – die dunkle Küche, ein einzelnes brennendes Adventslicht, der tote Freund auf dem kalten Fußboden.

Im Krankenwagen durfte er nicht transportiert werden. Der Leichenbestatter war nicht zu erreichen. So mussten wir ihm einen letzten Dienst erweisen und ihn auf dem Rücksitz unseres Autos selbst in die Leichenhalle transportieren.

Diese Nacht brachte uns beide in unmittelbare Berührung mit unserem Ausgeliefertsein an Naturgewalten, menschlicher Hilflosigkeit und der Unabänderlichkeit des Todes.

Ich erinnere mich noch gut an das erste Weihnachtsfest, das ich fern von zu Hause mit Dir in meiner neuen Heimat Irland feiern wollte.

Schon in der Adventszeit versuchte ich, mich in die vorweihnachtliche Stimmung zu versetzen, die ich liebte und jetzt vermisste. Mein alter, ausgeleierter Kassettenrekorder spielte stundenlang die altbekannten Weihnachtslieder. Ich versuchte Christbaumschmuck zu beschaffen und war glücklich über ein paar bunte Kugeln und etwas silbriges Lametta, die mir in einer verstaubten Ladenecke in die Hände fielen. Im kleinen Städtchen Clifden gab es ansonsten nur Schmuck nach amerikanischem Vorbild, flackernde elektrische »Flash lights«, die um künstliche Weihnachtsbäume drapiert oder vor die Fenster gehängt wurden. Du brachtest für mich eine kleine, echte Tanne aus dem einzigen Wald der Umgebung, Ballynahinch Forst. Aus grünen Plastikklammern, auf die wir kleine Metallplättchen klebten, formten wir Kerzenhalter, in die ich Kerzen steckte. Sonst wurden nur in der Kirche Kerzen angezündet. Einen Gottesdienst am Heiligen Abend gab es nicht, aber eine späte Mette – ohne Gesang, ohne Weihnachtslieder, dafür durchdringenden Guinness-Whiskeygeruch im feuchten Halbdunkel der Kirche. Die Pubs hatten gerade geschlossen.

Ich verzichtete auf die Bescherung am Heiligen Abend. Nach irischer Sitte packten wir am Morgen des ersten Weihnachtstages unsere Geschenke aus. Es waren schöne Geschenke, die wir mit viel Bedacht füreinander ausgesucht hatten.

Auf den Bergen Connemaras lag zur Feier des Tages sogar ein Hauch Schnee.

Mittags fuhren wir zu Deiner Schwester nach Limerick, die kurz vorher mit ihrer Familie aus Amerika zurückgekommen war. Dort ging es laut und lebhaft zu – viele Leute, viel Essen, viel Trinken, zunächst im Hause und dann noch in den Pubs, mit irischen Liedern. Ich sang mein Lieblingslied »Dannyboy«. Das war vielleicht mein einziger Erfolg bei Deinen Verwandten in all den Jahren, die noch kamen.

Ich war unglücklich. Heute denke ich, jeder von uns beiden fühlte sich sehr einsam und allein mit seinen eigenen Vorstellungen von Weihnachten.

Christmas eve

(Weihnachtsabend)

Dumpf-feuchte Mäntel
im fahlen Dunkel der Kirche.
Flackernde Kerzen.
Mysterien zelebrierender Priester.

Schaler Dunst von Whiskey und Guinness.
Gebeugte Häupter
in engen Reihen.

Heute ist Christmas –
ein Grund, glücklich zu sein.

Obwohl mich all das Neue durch das Leben auf der Farm herausforderte, faszinierte, aber auch beanspruchte, spürte ich gleichzeitig, dass ich mir besser gerecht werden konnte, wenn ich wieder als Ärztin arbeiten würde. Ärztin wollte ich schon seit meiner frühesten Kindheit werden. Am liebsten hätte ich zusammen mit Albert Schweitzer in Lambarene geholfen. Doch durch die lange Ausbildungszeit zur Fachärztin für Innere Medizin und durch den Tod Albert Schweitzers relativierte sich mein Wunsch. Nun wollte ich wenigstens im äußersten Westen Irlands in meinem Beruf arbeiten.

Zunächst bot ich meine Mitarbeit den beiden ortsansässigen Doktoren – Vater und Sohn – an. Die witterten wohl Konkurrenz und signalisierten kein Interesse.

Trotzdem wurde ich in einer dunklen, regnerischen Nacht von einer der Ehefrauen gebeten, drei Besuche in einsamen, weit entfernten Gehöften zu übernehmen, denn beide Kollegen waren nicht zu erreichen. Ja, der Ältere war auf seiner üblichen Visite auf der Insel Inishbofin gestrandet. Das Postboot, das sonst die Insel anlief, fuhr bei diesem stürmischen Wetter nicht aus. Mich begleitete zum Glück der jüngste Sohn der Doktorfamilie, denn kurz vor Ballyconneely blieb das Auto auf einem vom Meer überfluteten Teil der Straße im glitschigen Seetang stecken. Im peitschenden Regen konnten wir das schwere Auto wirklich nur mit vereinten Kräften aus dem Schlick schieben.

Das erste Cottage lag völlig im Dunkeln, auch im Haus gab es keinen Strom. Die Hausfrau lag kaum wahrnehmbar in einer Ecke des Raumes. Ich musste sie beim Schein einer flackernden Kerze untersuchen. Der Patientin fehlte eigentlich nicht viel. Vielleicht hatte sie eine leichte Erkältung. Dafür hätte sie aber nicht unbedingt im Bett liegen müssen.

Erst viel später, als ich die Lebensumstände der Menschen in Connemara besser kannte, wurde mir klar, dass manche Frauen sich auf diese Art verweigerten. Jahrelang hatten sie unter schwersten Bedingungen in einfachsten Verhältnissen – ohne Wasser, ohne Strom im Haus – funktioniert, oft sieben oder mehr Kinder geboren und großgezogen. Plötzlich waren sie nur noch allein mit dem Mann, fühlten sich nicht mehr gebraucht, nachdem auch noch das letzte Kind nach Amerika oder England ausgewandert war. Sie verfielen in Depressionen, die von den Ärzten großzügig mit Tranquilizern versorgt wurden.

In den kommenden Jahren war ich auf Häuser wie dieses besser vorbereitet und hatte wenigstens immer eine Taschenlampe dabei.

Über ein Dankeschön von den Doktoren hätte ich mich nach dieser Nacht schon gefreut. Aber auch da fehlte mir das Insiderwissen. Obwohl der größte Teil der Bevölkerung auf Staatskosten behandelt wurde, steckte man dem Doktor meist extra noch einige Pfund zu, wahrscheinlich in der Hoffnung, dass man dann besser behandelt würde. Das hatte ich natürlich abgelehnt, während die Kollegen sicherlich meinten, ich hätte mir durch die drei Besuche eine »goldene Nase« verdient und somit sei mein Einsatz abgegolten.

Ähnlich erging es mir noch einmal, als ich gefragt wurde, ob ich drei Wochen in der Praxis vertreten würde.

Zwar sah ich mit Erstaunen eine mit Pfundnoten bis an den Rand gefüllte Schreibtischschublade, es kam mir jedoch nicht in den Sinn, für meine Behandlung von den Patienten Geld anzunehmen. Aus Deutschland war ich das nicht gewohnt.

Lieber strebte ich eine eigene Praxis an, die ich nach meinen Vorstellungen führen wollte. Dabei hatte ich eine Menge bürokratische Schwierigkeiten erwartet. Ich konnte es kaum fassen, als man mir bei der lokalen Gesundheitsbehörde in Galway mitteilte: »Für eine Privatpraxis können Sie Ihr Schild überall, jederzeit anbringen.« Zeugnisse oder Qualifikationen wollte keiner sehen.

Bei der Suche nach geeigneten Räumen hast Du mir sehr geholfen. Das hat mich erstaunt, schließlich war von Dir schon öfter der Satz gekommen: »Ich hätte lieber eine Frau aus meinem Land, die meine Interessen teilt, heiraten sollen.« Aber Du kanntest Clifden und wusstest, wo man am besten einmal nachfragen konnte. In einem Haus an der Main Street mietete ich ein Zimmer als Sprechzimmer. Der Flur diente als Warteraum. Die Einrichtung bestand aus unseren alten Küchenstühlen, einer alten Kommode und einem halbrunden Tisch, der als Schreibtisch fungierte. Im Sommer musste ich ein Stockwerk höher ziehen, weil mein Sprechzimmer dann als Frühstückszimmer für »Bed & Breakfast«-Gäste diente.

Nachdem ich ja Einblicke in die ansässige Arztpraxis gewonnen hatte, lagen mir zwei Dinge besonders am Herzen: eine abwaschbare Untersuchungsliege und ein tragbares EKG-Gerät. Die Holzpritsche, die in der ansässigen Praxis zur Untersuchung diente, war für mich ein

Alptraum. Sie war immer mit einer karierten Wolldecke bedeckt, von der ich nicht wusste, ob sie je gewechselt wurde. Auf ihr wurden alle Untersuchungen, auch gynäkologische, durchgeführt. Ein EKG-Gerät gab es auf der ganzen Insel nicht, auch nicht im kleinen Krankenhaus, das aus zwei Räumen mit je zehn Betten, getrennt für Männer und Frauen, bestand.

Wie konnte man einen Herzinfarkt ausschließen? Patienten mit Verdacht auf Infarkt mussten mit einem Krankenwagen ohne ärztliche Begleitung ins achtzig Kilometer entfernte Galway transportiert werden. Entweder sie überlebten die Prozedur – oder nicht.

Obwohl meine Praxis klein war und ich ohne Hilfe arbeitete, hatte ich viele dankbare Patienten, einige wurden richtige Freunde.

Mit anderen erlebte ich recht amüsante Geschichten.

Als ausländische Ärztin, gleichzeitig aber auch »Mrs. Tom Joyce«, wurde ich zunächst natürlich neugierig beäugt. Viele schauten einfach mal vorbei, weil sie von einem anderen Arzt eine Meinung hören wollten. Da ich von allen Patienten, privat oder nicht, das gleiche Honorar verlangte, kamen auch die Ärmeren.

Ein älterer Farmer aus den Bergen trottete so alle vier Wochen einmal nach Clifden, um einzukaufen, sich im Pub zu amüsieren und auch um mich zu besuchen. Unsere Familiennamen waren die gleichen, also konnte es sich um einen weit entfernten Verwandten von Dir handeln. Er erwartete von mir, dass ich ihm den Blutdruck maß, das Herz abhörte, den Puls fühlte und ihm versicherte, er sei gesund. Stets kramte er beim Abschied aus einer zerbeulten Hosentasche eine stark zerknitterte

Pfundnote hervor, rollte sie säuberlich zusammen und versuchte, sie in meinen Ausschnitt zu stecken. Dieses Ritual gehörte sicherlich mit zum Vergnügen bei seinem Ausflug in die große Welt.

Eines Tages machte mich ein groß gewachsener, kräftiger, schon etwas älterer Farmer sprachlos, als er mich um Rat bei seinen angeblichen Potenzstörungen bat. Als ich ihn nämlich fragte, wie oft es denn so im Allgemeinen in der Woche noch klappen würde, meinte er, so zwei- bis dreimal am Tag ginge es wohl noch – seine Frau sei damit aber gar nicht zufrieden. Mein Schmunzeln verbergend, versuchte ich ihn zu beruhigen und meinte, das sei doch sehr ordentlich. Er jedoch hatte von der ausländischen Ärztin sicherlich eine Wunderpille erwartet und zog enttäuscht von dannen.

Du warst weniger überrascht, als du diese Story hörtest, Dir war klar, dass viele Farmer in den Wintermonaten lieber häufiger und länger im Bett blieben. Und was konnte man da schon anderes tun? Die Fernsehära stand gerade mal am Anfang.

So gab es natürlich auch dadurch große Probleme mit der Schwangerschaftsverhütung. Verhütungsmittel durften im katholischen Irland nicht vertrieben werden. Später wurde das Verbot etwas gelockert. Ärzte durften ausschließlich verheirateten Frauen und nur aus medizinischen Gründen die Pille verschreiben. Der Apotheker am Ort weigerte sich jedoch, dieses Teufelszeug zu führen.

Einmal baten mich Freunde, von einer Deutschlandreise ausreichend Kondome mitzubringen. Das war nicht nur gefährlich für mich, wenn der Zoll bei mir so viele Verhütungsmittel finden sollte, es war mir auch ausgesprochen peinlich, gleich so viele auf einmal zu kaufen. Also schickte ich meinen Schwager los. Als der seine Bestellung aufgab, wurde er von dem Apotheker recht merkwürdig angesehen.

Mary

Sieben Kinder hatte sie geboren,
eines davon sehr früh schon verloren.
Zeit zum Trauern fand sie nie,
Arbeit nur von spät bis früh.
Sinn des Lebens war zu dienen,
nur die Gebende zu sein,
als Frau,
als Mutter,
stets daheim.
Dann bauten sie das neue Haus.
Da ließ sie Phantasien Lauf.
Mit Farben, Formen spielte sie
voller Freude, ohne Müh.
Das Haus war fertig,
und schon bald
starb sie an Krebs,
erst fünfzig Jahre alt.

Geburtenkontrolle – birth control

Auf wollener Decke lag Mary –
vierzehn –
ein Kind der Berge –
mit prallen Brüsten, gewölbtem Leib,
nicht wissend, dass sie schwanger sei.

Das Kind ward geboren,
von Nonnen umgeben,
weitergereicht zur Adoption.
Und Marys Schwestern?
Kaufen ein Ticket nach England
oder verbluten
allein
vor einem Heiligenschein.

Schon bei meinem Umzug nach Irland hatten die Zollbeamten ihre Aufgabe sehr ernst genommen. Um zu verhindern, dass in ihren Augen »pornographische Literatur« durch mich in das Land geschmuggelt werden könnte, hatten sie meine gynäkologischen Lehrbücher ganz besonders lange studiert, ehe sie mir ausgehändigt wurden.

So prüde das Gesetz in dieser Hinsicht gehandhabt wurde, so nachlässig gingen die Gesetzeshüter mit anderen Gesetzesübertretungen um.

Eines Nachts wurde ich zur Wache nach Clifden gerufen. Schlaftrunken fuhr ich los, um einem Alkoholsünder eine Blutprobe zu entnehmen. Im hell erleuchteten Polizeirevier hielten sich mindestens drei Polizisten und ein fröhlich vor sich hin pfeifender Zecher auf. Der zeigte keinerlei Zerknirschung oder Reue, zwinkerte mir jedoch ganz verschwörerisch zu und gab bereitwillig sein Einverständnis zur Entnahme einer Alkoholblutprobe. Man reichte mir ein Kästchen, in dem normalerweise die sterile Nadel mit Spritze enthalten sein sollte. Als ich das Kästchen jedoch öffnete, war es leer. Ich verlangte ein neues – auch das war leer. Und so ging es weiter. In einer Ecke des Raumes lag ein ganzer Haufen davon, alle unvollständig, geschweige denn versiegelt. Ich solle doch eine von meinen Spritzen nehmen, empfahl man mir. Das ließ mein preußisches Verantwortungsgefühl nicht zu. Immerhin wäre dieses Verhalten meinerseits nach deutschen Vorstellungen juristisch anfechtbar gewesen.

Mein Zecher wurde immer fröhlicher. Er witterte wohl seine Chance.

Die ratlosen Polizisten entschlossen sich, den Sergeant mitten in der Nacht aus dem Bett zu klingeln, um zu erfahren, sie sollten in die rund zwanzig Kilometer entfernte nächste Dienststelle fahren und dort nachschauen. Doch niemand hatte dafür einen Schlüssel.

Also musste ich unverrichteter Dinge wieder abziehen, und der fröhliche Zecher blieb ungeschoren. Ein halbes Jahr später wurde ich zu diesem Fall als Zeugin vor Gericht geladen. Ich weiß bis heute nicht, worum es dabei ging, denn die ganze Verhandlung wurde auf Gälisch geführt, und ich verstand davon kein Wort.

Zu Hause wunderte ich mich, was wohl mit all den Spritzen passiert sein konnte. Gab es etwa Drogenabhängige, die sich damit versorgt hatten? Das war zu der Zeit noch kaum denkbar. Deine Erklärung war ganz einfach: Fast jeder der Polizisten hatte entweder selbst einige Kühe und Schafe, oder nächste Verwandte von ihnen besaßen eine Farm, und dort wurden für alle möglichen Behandlungen immer wieder mal Spritzen und Nadeln gebraucht. Die konnte man sich billig im Polizeirevier besorgen.

Mein medizinischer Eifer war damals noch voller Enthusiasmus und unverbraucht. Gern nahm ich deshalb eine Einladung der Landfrauen an, um über gesunde Ernährung zu reden. Ich erhoffte mir ein dankbares Publikum. Viele Beobachtungen hatten mir gezeigt, dass die Ernährung auf dem Lande nicht gerade sehr gesundheitsbewusst war. Man trank viel zu viel Tee mit Mengen von Zucker, aß fast täglich mehrere Eier, strich die Butter fingerdick auf zig Scheiben labberiges Weißbrot, und die Hammeleintöpfe schwammen im Fett.

Man hörte mir höflich und geduldig zu. Doch kaum war mein Vortrag zu Ende, ging es zur Sache. Stolz wurden reichlich selbstgebackene Kuchen, Brötchen, dick mit Butter und Marmelade bestrichen, Muffins, Scones, Cakes, Tartes und anderes herumgereicht, und dazu wurde wie immer viel zu stark gesüßter Tee getrunken.
That's life – so ist das Leben.

Inishbofin – eine der wenigen noch bewohnten Inseln vor der Küste Connemaras – musste regelmäßig von einem der zuständigen Doktoren besucht werden.
Eines schönen Tages traf es auch mich, die ich noch nie besonders seetüchtig gewesen war. Vorsorglich nahm ich genügend Pillen gegen Seekrankheit ein, damit ich nicht kränker ankam als die zu besuchenden Patienten. Diese Medikamente machen müde und schläfrig, und so landete ich leicht benommen, aber wohlbehalten mit dem alten rostigen Postboot auf der Insel. Nach der zweistündigen Fahrt hatte sich der Skipper gleich auch noch etwas ganz Besonderes für mich ausgedacht. Er wollte mir aus erster Hand vorführen, wie nötig ein neuer Anleger sei, um dessen Finanzierung sich die Fischer schon lange bemühten. Wahrscheinlich glaubte er, dass ich als Ärztin besonderen Einfluss auf die Behörden ausüben könnte. Also legten wir bei Niedrigwasser weitab von der eigentlichen Anlegestelle an. Natürlich hatte ich keine Gummistiefel dabei, musste somit wohl oder übel über Schlick, Tang und Steine ans rettende Ufer stolpern. Außer der Post hatte das Boot zu meinem großen Erstaunen jede Menge des maschinell hergestellten, kastenförmig abgepackten, in dünne Scheiben geschnittenen Weißbro-

tes an Bord. In meiner Vorstellung buken die Frauen auf der Insel eigentlich noch das viel würzigere, gesündere, traditionelle braune Brot in ihren Torföfen.

Glücklicherweise waren alle Patienten recht gesund und munter. Sie freuten sich über die Abwechslung, die mein Besuch bei ihnen mit sich brachte, und waren zufrieden, wenn bei einem Gespräch über Gott und die Welt Puls und Blutdruck gemessen und für gut befunden wurden.

Bei ruhiger See konnte ich deshalb schon nach einigen Stunden wieder nach Cleggan übersetzen. Diesmal legte das Boot sogar an der richtigen Stelle ab. Allerdings war die Tide auch gestiegen.

Der Blick vom Boot aus nach vorn auf die Twelve Bens war wie immer faszinierend. Das Wechselspiel von Licht und Schatten auf den Hängen hat jeden, vor allem aber Maler und Fotografen ständig aufs Neue inspiriert und wurde in vielen Bildern bei den unterschiedlichsten Lichtverhältnissen festgehalten.

Auch als Doktor muss man sich manchmal selbst ins Krankenhaus begeben.

Ich war als Privatpatientin im Regional Hospital in Galway angemeldet.

Von meinen Patientinnen wusste ich, dass es besser war, wenn man sein eigenes Toilettenpapier, eigene Putzmittel und Scheuerlappen mitbrachte, denn um die Hygiene der sanitären Anlagen stand es bekanntermaßen nicht zum Besten.

Der erste Eindruck von meinem Krankenzimmer bestätigte das.

Immerhin hatte ich ein Einzelbett. Darunter lagen jedoch noch die schmutzigen Monatsbinden meiner Vorgängerin, wie auch im Papierkorb, der noch nicht geleert worden war.

Das Waschbecken putzte ich erst einmal gründlich sauber.

Ich war froh, als ich nach wenigen Tagen wieder entlassen wurde, denn auch das Essen – täglich weiße Bohnen in Tomatensoße und das übliche labberige Weißbrot – brachte mich kaum wieder auf die Beine.

Mein zweiter Krankenhausaufenthalt spielte sich in einem Universitätskrankenhaus in Dublin ab. Da lagen acht Privatpatientinnen in einem Zimmer. Die einzelnen Betten wurden durch Vorhänge voneinander getrennt. Auf den Befestigungsstangen der Vorhänge lag der Staub fingerdick. Die Putzfrau, die ich bat, den Staub doch einmal abzuwischen, wunderte sich gewaltig über mein Ansinnen und meinte, ihre Gewerkschaft würde ihr auf keinen Fall erlauben, auf eine Leiter zu steigen. Schließlich könnte sie von da abstürzen und sich vielleicht gar verletzen. Sie hatte aber wohl doch intensiver über meinen Wunsch gegrübelt, denn anderntags fragte sie mich in aller Unschuld, was mich an dem Dreck denn so stören würde. Jetzt musste ich schnell schalten. Wie sollte ich ihr Krankenhaushygiene erklären, wenn sie davon anscheinend noch nie etwas gehört hatte? Ich sagte, ich hätte Angst vor einer Wundinfektion, wenn am nächsten Tag die Fäden gezogen würden und der Schmutz in meine Wunde fallen könnte.

Da holte sie sich tatsächlich einen Hocker und wischte über die Stangen – allerdings nur über meinem Bett. Ich stand wackelig auf, hielt sie aber demonstrativ fest, damit sie nicht fallen konnte und dann Probleme mit ihrer Gewerkschaft bekommen würde.

Einmal kamst Du mich besuchen. Telefonisch hattest Du Dich erkundigt, ob Du mir etwas mitbringen könntest.

Das hat mich sehr gerührt.

Ich wünschte mir ein Parfüm – »Blue Grass« von Elizabeth Arden, weil eine meiner Bettnachbarinnen mir damit die Stirn gekühlt hatte, als ich aus der Narkose erwacht war. Diese kleine Geste hatte mir so gutgetan, dass ich mich durch den Geruch des Parfüms noch lange an diese menschliche Zuwendung erinnern wollte. Willig gingst Du in Clifden in die Apotheke. Wo sonst sollte es so etwas geben? »Blue Grass?«, fragte der Apotheker. »Das kenne ich nicht.« »Ist das ein neues Mittel zur Behandlung des Leberegels in Schafen?«

Es war offensichtlich: »Blue Grass« sollte es für mich nicht geben.

Denn offensichtlicher wurde auch immer mehr, dass die Erfüllung unserer Träume von einem gemeinsamen Leben im Tal von Loughauna mehr Verständnis, Toleranz und Geduld von uns forderten, als wir geben konnten.

Dein Traum vom Glück war der eines bodenständigen irischen Farmers, der seinem Land, seiner Tradition und seinem katholischen Glauben tief verwurzelt war und das auch immer bleiben wollte.

Mein Traum vom Glück war der einer durch Flucht aus der ehemaligen DDR eher entwurzelten deutschen Ärztin, die sich immer wieder neu anpassen musste, die

Herausforderungen annahm, sie jedoch schnell und progressiv lösen wollte, die Veränderungen liebte und sich ihnen stellte, die als Protestantin christlich, aber nicht doktrinär dachte.

Wir waren nicht glücklich.

Ich ging zurück nach Deutschland.

Doch keiner außer Dir ist meinem Herzen so nahe gekommen, keinem habe ich so lange nachgeweint. Keiner füllt meine Träume nach so langer Zeit noch immer.

Wir trafen uns zur falschen Zeit.

Vor zwanzig Jahren lag Irland in seiner Entwicklung noch mindestens fünfzig Jahre hinter unserer mitteleuropäischen, westlichen Lebensweise zurück. Das hat sich in kürzester Zeit geändert.

Irland boomt.

The Celtic Tiger – der keltische Tiger ist erwacht.

In Clifden gibt es ein Internet-Café. In den Supermärkten kann man alles kaufen, was das Herz begehrt, alles, woran man gewöhnt ist.

Es gibt überall Mobiltelefone und kaum noch Häuser ohne Strom.

Die Scheinheiligkeit einiger Vertreter der katholischen Kirche wird ebenso in der Öffentlichkeit angeprangert, wie man ein anderes Verhältnis zur Geburtenregelung bekommen hat.

Die ärztliche Versorgung hat sich gebessert. Auch in Clifden hat der Doktor heutzutage ein Ultraschallgerät für Schwangerschaftsvorsorgeuntersuchungen.

Du lebst jetzt mit einer dänischen Frau zusammen und hast zwei Söhne.

Hinter Deinem Haus gibt es keinen Gemüsegarten mehr. Man kann ja alles kaufen.

Über Mobiltelefon bist Du auch in den entferntesten Tälern zu erreichen, im Haus gibt es gar ein Babyphone. Du fährst jetzt einen Landrover, und die Schafe müssen nicht mehr mit zusammengebundenen Beinen auf dem Rücksitz meines Autos transportiert werden.

Ja, die Zeit hat sich geändert.

Mein Cottage habe ich getauscht gegen ein Haus am Meer, es hat Strom und eine Ölheizung, aber vor allem den freien Blick auf den wilden, ungezähmten Atlantik und glutvolle Sonnenuntergänge über der See.

Den Bergen habe ich den Rücken gekehrt –
Irland nicht.

* * *

Veränderung

Dann plötzlich dieser Blick aufs Meer,
auf Felsen, Strände, kleine Buchten,
Wolkenbänke regenschwer,
schäumende Gischt,
an Klippen gebrochen,
dümpelnde Curraghs in der Bay,
weiße Cottages hinter Mauern.
Ein Blick zurück
zu den stummen Bergen ...
Sag, mein Herz,
solltest du trauern?

Das stille Tal

In tiefer Stille liegt das Tal,
fast unberührt von des Menschen Hand.
Nur Steine zeugen von vergang'nen Tagen
und einer Zeit, in der der Mensch hier Heimat fand.
Auf stummen Hügeln grasen Schafe,
ganz ungestört vom Lärm der Zeit,
und hoch am Himmel singen Lerchen
von einem Paradies, das hier bestand seit Ewigkeit.

Doch in der Ferne – horch! – das Dröhnen
von Bussen, Fliegern, Menschgeschrei.
Einklang mit der Natur?
Vergiss das Träumen!
Die Unberührtheit ist nun vorbei.